AF509887

LE BALLET DE LA PAIX,

REPRÉSENTÉ

PAR L'ACADEMIE ROYALE DE MUSIQUE,

Le Jeudy vingt-neuviéme jour de May 1738.

DE L'IMPRIMERIE
De JEAN-BAPTISTE-CHRISTOPHE BALLARD,
Seul Imprimeur du Roy, & de l'Academie Royale de Musique.

M.DCC XXXVIII.

AVEC PRIVILEGE DU ROY.

LE PRIX EST DE XXX. SOLS.

POLYMNIE,

A

MONSEIGNEUR

LE DAUPHIN.

ASTRE qui commencez un cours si radieux,
Délices des Humains, rare present des Dieux,
Je ne suis point pour vous une Muse étrangére.
A vôtre auguste Ayeul j'eus la gloire de plaire ;
Son Génie animoit, annoblissoit les Arts,
Mes Jeux le délassoient des fatigues de Mars.
Tandis que de LOUIS la sagesse profonde
Acheve le bonheur de la France, & du Monde,
Je songe avec transport à ces heureux momens,
Où ce Soleil naissant ornoit mes Elemens ;
S'il semble me quitter, c'est à Vous qu'il me céde.
Qu'un soin plus important vous fixe, & vous possede :

A ij

4

Je n'ufurperay rien fur ce tems précieux,
Où les Mufes mes Sœurs paroiffent à vos yeux.
J'applaudiray de loin à vos progrès rapides,
Effor prématuré dont s'étonnent vos Guides.
Refpectant vos travaux, j'afpire à vos loifirs,
Déja la Raifon regle & choifit vos Plaifirs.
Un S A G E, plus illuftre encor que fes Ancêtres
Dignes appuis du Trône, & de fes premiers Maîtres,
Vous offre la Vertu fous d'aimables couleurs,
Sur vos pas, à mon tour, j'ofe femer des fleurs.
Me reprocheroit-on d'allarmer l'innocence?
Un Spectacle galant & tendre avec décence
Ne peint que cet amour, qui, de l'aveu des Loix,
Eternife le Peuple, & la force des Rois.

ROY.

SUJET DU BALLET.

L'Amour de traits divers assortit son Carquois;
Tranquilles Citoyens, les uns sur vous s'étendent,
 D'autres sur les Bergers descendent,
 D'autres s'élevent jusqu'aux Rois.

   Gens mollis Amorum,
Hi summos dignantur figere Reges,
Hi plebem feriunt.
     Claudian. de nupt Honor.
Si venerem tollas, rustica silva tua est.
     Ovid. Phæd. Hyppolit.

Ce Ballet tire son nom de l'occasion pour laquelle
il avoit été destiné ; on auroit pû l'appeller *Les
Caracteres de l'Amour*, ou *L'Amour Voyageur*,
si ces deux Titres n'avoient déja été employez.

ACTEURS DU PROLOGUE.

LE CHEF DES MEGARIENS, Mr. Chaſſé.
L'APOLLON,   Mr. Jelyote.
CHOEUR DE MEGARIENS.
ARTS, ET MUSES.

PERSONNAGES DANSANTS.

ARTS ET MUSES;

Meſſieurs Dumay, Dupré, Hamoche, Theſſier.

Mademoiſelle Fremicourt ;

Meſdemoiſelles Le Duc, Courcelle, Dallemand-C., Thiery.

PROLOGUE.

Le Palais de M I N O S à Megare, avoit une
Tour dans laquelle Apollon renferma sa Lyre;
l'Instrument divin communiqua aux pierres, un
charme qui les rendoit sonores.

Regia Turris erat vocalibus addita muris,
Illic auratam fertur Latonia proles
Deposuisse Lyram, saxo sonus ejus adhæsit.

Ovid. Liv. 8. Metam.

SCENE PREMIERE.

LE CHEF DES MEGARIENS, LE CHOEUR.

LE CHEF.

D Igne ornement de cet Empire,
Des faveurs d'Apollon monument précieux,
Tour célébre, où jadis il déposa sa Lyre,
Vôtre sein enfantoit des sons harmonieux,
Ils appelloient les Ris, les Amours, & les Jeux.

Quel changement ! helas ! vous gardez le silence :
Pourquoy ce charme a-t'il cessé ?
Beaux jours, qui de l'Amour releviez la puissance,
Avec vous son regne est passé.

LE CHEF, ET LE CHOEUR.

L'implacable Dieu de la guerre
Ne fait plus retentir la terre,
Que de cris, de trouble & de pleurs :
Apollon & le Dieu des cœurs
Sont effrayez de son tonnerre.

LE CHEF.

Un Monarque occupé du bonheur des Humains,
Le preferoit aux lauriers de Bellone :
Mais ils ont allumé la foudre dans ses mains,
La Victoire le vange, & le Ciel le couronne.
  Le Théâtre s'éclaire.
Quel éclat dans les Cieux commence à se répandre ?..
Quels sons naissans se font entendre ?...
Ils s'unissent entr'eux... ils forment des accords...
Chaque moment les rend plus touchants ou plus forts...
Apollon, venez-vous nous rendre
Ce charme qui jadis excitoit nos transports ?

SCENE II.

SCENE II.
LE CHEF DES MEGARIENS, APOLLON,
LES MUSES, LES ARTS.

APOLLON.

Aux maux de l'Univers, le Vainqueur est sensible.

CHOEUR.

Disparoissez, tristes jours,
Siecle heureux, siecle paisible,
Recommencez vôtre cours.

APOLLON.

Peuple si cher à ma tendresse,
La Paix me rend à vous par de suprêmes loix.
Minos le dernier de vos Rois
Attira dans ces lieux ma Lyre enchanteresse ;
Mes accords célébroient sans cesse
Ou ses nobles Plaisirs, ou ses brillants Exploits.
Minos renait ; c'est lui que je revois :
Sous de plus jeunes traits, c'est la même sagesse
Qui vous gouvernoit autrefois.
Que pour lui plaire tout s'empresse :
Rochers, animez vous, ce jour vous rend la voix.

B

LE CHEF.

Enfans de la Paix,
Jeux qu'elle inspire,
Pour vôtre empire
Tous les cœurs sont faits.

Que l'Objet le plus severe
Sensible à nos sons
Paye au Dieu de Cythere
Ses tendres leçons.

Charmant Amour, lance tes traits
Les plaisirs vont renaître :
Aimable Maître,
Fais toi des Sujets
A force de bienfaits.

L'ame la plus fiere
Qui craint de s'enflâmer,
N'aura qu'un pas à faire
Du desir de plaire,
Au plaisir d'aimer.

APOLLON.

Que les Fêtes les plus aimables
Annoblissent nos doux loisirs :

Que le Goust renaissant épure les plaisirs,
Que la diversité les rende inépuisables.

Avec l'Amour déformais
Je prétens accorder ma Lyre ;
Il embellit tous les Arts que j'infpire :
J'augmente fon pouvoir quand je chante fes traits.
Regne, Amour, triomphe à jamais
Des Bergers, des Heros, de tout ce qui refpire.

CHOEUR.

Volez Amour, volez, qu'à nos vœux tout confpire ;
Dans le Palais des Rois étendez vôtre empire,
Des bruyantes Citez foulagez les travaux
Embelliffez les Bois, & les Hameaux.

FIN DU PROLOGUE.

Acteurs & Actrices Chantants dans les Chœurs du Prologue & du Ballet.

CÔTE' DU ROY.   CÔTE' DE LA REINE.

Mesdemoiselles.	*Messieurs.*	*Mesdemoiselles.*	*Messieurs.*
Dun.	St. Martin.	Antier-C.	Serre.
	Marcelet.		Louette.
Delorge.	Lefebvre.	Cartou.	Thurier.
	Gratin.		Le Mesle.
Duplessis.	Buseau.	Thetelette.	Dautrep.
	Deshais.		
Benard.	François.	Lavalée.	Grossier.
	Duchesne.		Perardelle.
Person.	Duplessis.	Deshaigles.	Houbault.
	Bourque		Bornet.
La Fontaine.	Gallard.	Selim.	Duchenet.
Varquin.	Fel.	Lalonde.	Lorette.

PREMIÈRE ENTRÉE.

PHILLIS ET DEMOPHON.

SUJET.

PHILLIS regnoit dans la Thrace, lorsqu'un Inconnu y vint fignaler fon courage. Phillis ne put lui refufer fon eftime & fa tendreffe ; mais fans ofer preferer à des Rois, un Etranger qui n'avoit de titre que le mérite & l'amour. Tandis qu'elle étoit balancée entre la gloire & fa paffion, il fût reconnu fils de Thefée. On fçait que les Heros de l'antiquité n'étoient avouez de leurs Peres qu'après s'être rendus dignes de leur naiffance. Demophon avoit toujours ignoré la fienne. Cette découverte remettoit Phillis en droit de l'époufer, mais comme il étoit apellé au fecours de Thefée affiegé dans Athenes, elle facrifie fon interêt au devoir. Il ne falloit pas de moindres traits pour caracterifer L'A M O U R HEROIQUE.

OVID. *Ep. de Phillis à Demophon. Aulus Sabinus. Hygin. c. 59.*

ACTEURS.

PHILLIS, *Reine de Thrace*, Mlle. Antier.

DEMOPHON, *fous le nom,*
*d'*EURYLAS, M^r. Chaffé.

SOSTRATE, *Chef des Atheniens*, M^r. Albert.

Peuples de Thrace.

Atheniens, & Matelots.

PERSONNAGES DANSANTS.

PEUPLES DE THRACE;

Monfieur Javillier-L. ;
Meffieurs Javillier-C., Javillier-3., Savar , Dupré.

Mefdemoifelles Petit , Le Duc, Durocher.

MATELOTS, ET MARINIERES;

Monfieur Malter l'Anglois , Mlle. Mariette ;
Meffieurs F-Dumoulin , P-Dumoulin , Dangeville,
Malter-L.

Mefdemoifelles Fremicourt, Dallemand-L.,
Dallemand-C., Le Duc.

PREMIERE ENTRÉE.

PHILLIS, ET DEMOPHON.

Le Théâtre repréſente le Palais de la REINE
DE THRACE, au bord de la Mer.

SCENE PREMIERE.

PHILLIS, CHOEUR derriere le Théâtre.

CHOEUR.

Hantons, célébrons le Vainqueur,
Elevons juſqu'aux Cieux ſa gloire & ſon audace,
Si Mars eſt le Dieu de la Thrace,
Eurylas en eſt le vangeur.

PHILLIS.

Hommages éclatants, tranſports, chants de victoire,
Dans quel trouble nouveau venez-vous me plonger?
D'un nom qui m'eſt trop cher me retracer la gloire,
C'eſt mettre la mienne en danger.

Je vois à mes genoux avec indifférence,
Des Amants couronnez & des Trônes offerts
Et pour un Inconnu mon cœur est sans défense :
Helas ! il méritoit une illustre naissance,
Et je n'ai que des pleurs à donner à ses fers.

Hommages éclatants, &c.

SCENE II.

EURYLAS, PHILLIS.

EURYLAS.

REine, tout céde au bonheur de vos armes,
Vos ennemis sont défaits ;
J'ay rempli mes devoirs, votre Empire est en paix,
Et je vais loin de vos charmes
Devorer de vains regrets.

PHILLIS.

Eurylas se dérobe à ma reconnoissance,
Aux vœux d'un Peuple entier charmé de ses exploits !

EURYLAS.

Mes succez m'ont eux-même ôté toute esperance.

Objet des vœux de tant de Rois ;
La guerre avoit du moins suspendu vôtre choix :
Mais il n'est plus d'obstacle à leur perseverance :

On

On vous preſſe à grand cris de nommer un Epoux.

PHILLIS.

De tous ces Souverains Jaloux
Aucun n'obtient la préference.

EURYLAS.

Eh! pourrez-vous toujours leur faire réſiſtance?
La flotte de Theſée a paru ſur ces mers,
Du plus ambitieux elle appuyera l'audace.

PHILLIS.

Un nouveau péril me menace,
Vous le voyez, & je vous perds.

EURYLAS.

Ah! pourquoi m'arrêter encore?
Quel ſuplice vous m'impoſez!

Quoi! nourrir ſans eſpoir un feu qui me dévore,
Retenir des ſoupirs ſi long-tems mépriſez,
Redouter des regards que vous me refuſez,
Vous craindre quand je vous adore.

Ah! pourquoi, &c.

PHILLIS.

Croyez-vous être ſeul à plaindre?

EURYLAS.

Avec moins de courroux regardez vous mes feux?

PHILLIS.

Je vous aime Eurylas il n'eſt plus tems de feindre.

EURYLAS.

Vous m'aimez!...

PHILLIS.

Nôtre ſort n'en eſt pas plus heureux.

Vous ignorez quel sang vous a fait naître.

EURYLAS.

S'il n'est illustre, il le doit être
Dès que pour une Reine il ose s'enflammer.

PHILLIS.

Ce n'est qu'un Roy qu'il m'est permis d'aimer.

EURYLAS.

En voulant les briser, vous resserrez mes chaînes;
Quel mélange nouveau de pitié, de rigueurs!
La même bouche, helas! qui déplore mes peines
En redouble encor les horreurs.

PHILLIS.

Contre le Dieu qui nous blesse
Le Trône devroit être un azile assuré;
Du moins si de mon cœur l'amour s'est emparé
Il y regne sans foiblesse.

En me voyant toujours, songez à m'éviter,
Imitez ma constance, & prêtez-lui des armes,
Trompez vôtre douleur au lieu de l'écouter,
Etouffez de l'Amour l'espoir & les allarmes,
Par un si noble effort soyez digne des larmes
Que vous m'allez couter.

ENSEMBLE.

Tendre Amour, Gloire cruelle,
Ne serez-vous jamais d'accord?
Ah! des soupirs si purs, une flâme si belle
Méritoient un autre sort.

PHILLIS.

On vient .. diſſimulons.

EURYLAS.

O contrainte mortelle !

SCENE III.

PHILLIS, EURYLAS, Peuples de Thrace.

CHOEUR.

C Hantons, célébrons le Vainqueur,
Elevons juſqu'aux Cieux ſa gloire & ſon audace :
Si Mars eſt le Dieu de la Thrace.
Eurylas en eſt le vangeur.

EURYLAS.

Le plaiſir d'un Peuple heureux
Devient le prix & l'ouvrage
De ſes Exploits glorieux :
Le plaiſir d'un Peuple heureux
Pour ſa Reine eſt un hommage,
C'eſt un encens pour ſes Dieux.

On entend une Symphonie qui annonce des Matelots.

PHILLIS.

Quels nouveaux ſons frappent les Cieux !

EURYLAS.

Les vaisseaux de Thesée approchent du rivage.

CHOEUR, *derriere le Théâtre.*

Au fils de nôtre Maître adreſſons nôtre hommage
Sous le nom d'Eurylas il triomphe en ces lieux.

EURYLAS.

Qui, moi, fils de Thesée ! ô Dieux !

SCENE IV.

SOSTRATE, PHILLIS, EURYLAS, ATHENIENS, MATELOTS.

SOSTRATE.

NE doutez point Seigneur, de la gloire nouvelle
Où Thesée enfin vous rapelle.
Troublé par un oracle, & cruel malgré lui,
Il avoit proscrit vôtre enfance ;
Loin de vous redouter vous êtes aujourd'hui
Son unique esperance :
Mille ennemis nouveaux attaquent sa puiſſance,
Hâtez-vous, tout ce peuple implore vôtre appuy.

E U R Y L A S reconnu DEMOPHON,
à P H I L L I S.

Du Titre qu'on me rend je sens moins l'avantage,
Que le charme flatteur d'être digne de vous.

P H I L L I S.

Le Ciel a de mon cœur confirmé le présage.

E U R Y L A S.

Mais songez que sur ce rivage
Je laisse mon bonheur, mon espoir le plus doux.

P H I L L I S.

Sur nos devoirs l'Amour même m'éclaire ;
Vôtre gloire est la mienne, il faut la satisfaire ;
Aux yeux du monde entier, qui sont ouverts sur nous,
Il faut que mille Exploits annoncent mon Epoux.

Peuples, que vos Jeux, vos Concerts
Interessent pour vous le Souverain des Mers ;
Que les Vents les plus doux sur les Ondes commandent,
Qu'ils domtent les Vents ennemis,
Qu'ils vous fassent voler aux Rivages promis,
Où les triomphes vous attendent.

C H O E U R.
Que les Vents, &c.

PHILLIS, à EURYLAS.

Vous partez : que le sort bien-tôt nous réunisse !

EURYLAS.

Que la Gloire aujourd'huy me vend cher ses faveurs !
Vous me fuyez…

PHILLIS.

Je vous cache mes pleurs.

EURYLAS.

Du moins ils charmeroient l'horreur de mon suplice.

PHILLIS.

Ah ! ne ternissez point par de lâches douleurs
L'eclat d'un si beau sacrifice.

Gemissante, exilée au milieu de ma Cour,
J'attendray que la Victoire
Vous ramene en ce séjour,
Un Heros se rend à l'Amour
Quand il est quitte avec la Gloire.

CHOEUR.

Que les Vents les plus doux sur les Ondes commandent,
Qu'ils domtent les Vents ennemis,
Qu'ils vous fassent voler aux Rivages promis,
Où les triomphes vous attendent.

FIN DE LA PREMIERE ENTRE'E.

DEUXIÉME ENTRÉE.
IPHIS, ET IANTE.

SUJET.

LA Fable d'IPHIS, qui de fille devint garçon eſt l'envelope d'un Stratagême d'amour. Le jeune IPHIS s'étoit traveſti pour s'introduire auprès d'IANTE. Il en avoit ſurpris l'amitié pour couvrir ſon amour. Il reprend l'habit de ſon ſexe, & le déguiſement qui ceſſe aux yeux du Spectateur, ſubſiſte aux yeux d'IANTE, à la faveur des Fêtes Hibriſtiques, où les femmes d'Argos s'habilloient en hommes, & avoient droit de railler leurs maris, en memoire du jour où elles avoient ſans eux, fait lever le Siege de leur Ville. *Morery. Let. F. n°. 610.*

L'idée de ce Divertiſſement ſe trouve dans trois Comedies d'Ariſtophane.

Il en reſte encor des traces dans quelques-unes de nos Villes, où les Françoiſes ont imité le courage des Argiennes.

L'Amour plus contraint à LA VILLE, que dans le tumulte de la Cour, ou dans l'innocence de la Campagne, a beſoin de plus d'adreſſe.

ACTEURS.

IPHIS, *Jeune Argien,*   Mr. Tribou.
IANTE, *Jeune Argienne,* Mlle. Pellicier.
BEROE', *Gouvernante d'Iante,* Mlle. Bourbonois.
UNE ARGIENNE,   Mlle. Fel.
Chœur d'Argiens, & d'Argiennes.

PERSONNAGES DANSANTS.

ARGIENNES;

Mesdemoiselles Petit, Durocher, Fremicourt,
Dallemand-C., Le Duc, Courcelle.

ARGIENS;

Monsieur Dupré;

Messieurs Matignon, Dumay, Dupré, Thessier,
Hamoche.

DEUXIE'ME

DEUXIÉME ENTRÉE.

IPHIS, ET IANTE.

Le Théâtre repréſente une Place ornée pour les Fêtes Hibriſtiques. On voit au milieu la Statue de l'Hymen, & dans les côtez celles de la Liberté, & de Téléſille honorée ſous le nom de Venus armée.

SCENE PREMIERE.

IPHIS, BEROÉ.

IPHIS.

TU le vois, Beroé, je quitte la parure
Qu'autrefois Achille amoureux
Prit comme moi pour plaire à l'Objet de ſes
vœux.

BEROE'.

Pourquoi quitter ſi-tôt une heureuſe impoſture ?
Auprès d'Iante elle vous donne accez :
A ſa fierté l'éclat va faire injure,
Vous allez de mes ſoins perdre tout le ſuccez.

D

IPHIS.

Plus déguisé que je ne fus jamais
Je le suis, Beroé, sous ma propre figure.

BEROE'.

Je crains...

IPHIS.

Que de ce Jour la fête te rassure.

Nos Belles autrefois pour délivrer Argos,
Ont emprunté l'audace, & l'habit des Heros.
Pour solemniser leur victoire
Elles reprennent tous les ans
De si nobles déguisemens.
Ce Jour favorable à leur gloire,
S'il blesse les Epoux, peut servir les Amans.

Iante verra ce spectacle
Où l'allegresse regne avec la liberté.

BEROE'.

Mais vous pouviez la voir, lui parler sans obstacle.

IPHIS.

Sous un personnage emprunté
Je ne me donnois point l'essor que je desire :
Mon air étoit contraint, mon discours concerté ;
Je soupirois, mais sans être écouté ;
Iante ne pouvoit penetrer mon martire,
L'amitié disoit tout, l'Amour n'osoit rien dire,
J'ay trop souffert de ma timidité :
Sous ma forme ordinaire à présent je respire,
Je reprens ma vivacité.

BEROE'.

Puiſſe le tendre Amour vous être favorable !
Mais ſi l'on vous connoît , tout eſt deſeſperé :
Iante eſtime en vous une Compagne aimable ,
Elle fuira bientôt un Amant déclaré.

SCENE II.

IANTE , IPHIS , crû Fille par IANTE.

IANTE.

*C*Here Iphiſe , eſt-ce vous? que vous êtes charmante
Dans ce nouvel ajuſtement !
Vous me plaiſez toujours , mais c'eſt en ce moment
Qu'il ſemble que le charme augmente.

IPHIS.
Sous une forme differente ,
J'avois pour vous le même empreſſement.

IANTE.
Vous êtes de mon cœur la ſeule confidente.

IPHIS.
Souveraine du mien , vous êtes , belle Iante ,
La ſource de tous mes plaiſirs.

IANTE.
Que nous paſſons d'heureux loiſirs ,
Dans cette tendreſſe innocente !

IPHIS.

Ah ! puisse-t-elle augmenter chaque jour !

IANTE.

Et pour la conserver, renonçons à l'amour.

L'Amour est le tyran des ames,
La tranquille Amitié n'offre que des douceurs;
Sans les troubler elle remplit les cœurs :
On peint l'Amour armé de fléches & de flâmes :
La tranquille Amitié n'offre que des douceurs,
L'Amour est le tyran des ames.

IPHIS.

Il me causeroit moins d'effroy.

IANTE.

Vous le justifiez, Iphise, quel langage !
Helas ! vôtre amitié s'affoiblit, je le voy :
Ce cœur que je crois tout à moy
Pourroit donc souffrir un partage.

IPHIS.

Non, je jure de fuir tous les engagemens
Qui pourroient traverser le nôtre.

IANTE.

Nos cœurs suffisent l'un à l'autre,
Et j'espere échaper aux pieges des Amans.

IPHIS.

Des défauts des Amans soyez juge sévére,
Ne reservez qu'à moy vos regards précieux,
Il n'est point de Mortel empressé pour vous plaire,
Qui peignît comme moy le pouvoir de vos yeux.

Pour vous seule mon cœur soupire,
Vos volontez sont ma suprême loy ;
Sans vous, tout l'Univers est un desert pour moy,
C'est vous qui m'animez, & par vous je respire.
Un geste, un regard de vos yeux
Fait mon bonheur, ou mon martire :
Exercer sur les cœurs un si puissant empire,
C'est tenir la place des Dieux.

IANTE.

Ciel ! de quel trouble suis-je atteinte !
Helas ! quelle seroit ma crainte
Si quelque Amant s'expliquoit comme vous !

IPHIS.

Ah ! si vous m'entendiez, que mon sort seroit doux !

IANTE, à part.

Quel discours ! étouffons un soupçon qui m'offense.

IPHIS.

Iante, écoutez-moy.

IANTE.

Non ; la fête commence,
Laissez-moy profiter des leçons que ce jour
Va me donner contre l'Amour.

SCENE III.
IPHIS, IANTE, BEROE', ARGIENNES.

CHOEUR.

TRompettes éclatez, Organes de la Gloire,
Du plus beau de nos jours confacrez la memoire.

UNE ARGIENNE.

Argos & nos Epoux doivent leur fureté
Aux efforts de nôtre courage,
Ce devoit être le gage
De nôtre felicité :
Sous leurs loix nôtre vie eft un long efclavage :
Un feul jour interromt nôtre captivité ;

D'un jour fi beau faifons ufage,
Retraçons-nous l'image
De nôtre liberté.

L'ARGIENNE.

Amans, fouffrez nos caprices,
Nous n'en avons pas affez ;
Endurez nos injuftices,
Souffrez, pleurez, gemiffez.

Dès que l'Hymen à fes chaînes
A fçu nous affujettir,
Vous nous rendez bien les peines
Que vous pouvez reffentir.

L'ARGIENNE.

Dieu puiſſant par nôtre foibleſſe,
Hymen, qui colores ſans ceſſe
Du pompeux nom de Loix, tes caprices divers;
De nos plaiſirs tyran ſevere,
Porte à ton tour des fers,
De nos fers trop peſans image trop legere.

Endure malgré toy, nos Plaiſirs & nos Jeux;
C'eſt du moins nous vanger de ton joug rigoureux.

L'ARGIENNE,
ET LES CHOEURS.

Nos Epoux effeminez
Ont ſaiſi nôtre partage:
Ils parlent nôtre langage,
Plus que nous ils ſont ornez.

Dans une molle indolence
On les voit envelopez:
Sans égards, ſans complaiſance,
D'eux ſeuls ils ſont occupez.

Nos Tyrans nous aviliſſent
Par leur vaine autorité,
L'empire, dont ils jouiſſent,
Peſe à leur oiſiveté.

L'ARGIENNE.

Allons sur ces Remparts sauvez par nos efforts,
Faisons tout retentir de nos bruyans transports.

CHOEUR.

Trompettes éclatez, Organes de la Gloire,
Du plus beau de nos jours consacrez la memoire.

SCENE IV.

IANTE, BEROÉ, IPHIS, à l'écart.

BEROÉ.

*V*Otre ame indifferente,
Vos yeux distraits semblent blâmer ces Jeux.

IANTE.

On y brave l'Hymen, on insulte à ses nœuds ;
Je devrois m'aplaudir de m'en trouver exemte :
Mais un trouble inconnu malgré-moy me tourmente.
Dieu puissant qu'en ces lieux on se plait d'outrager,
Est-ce donc sur mon cœur que tu veux te vanger ?

IPHIS.

L'Hymen n'est point un esclavage,
C'est l'Amour toûjours renaissant :

Entre deux cœurs unis l'empire se partage,
C'est le bonheur de l'un que l'autre aime & ressent.

L'Hymen, &c.

IANTE.

IANTE.

Mais toutes ces Beautez n'expriment que ses peines.

IPHIS.

L'amour n'a pas formé leurs chaînes.

Il est un tendre Amant qu'il destine pour vous :
Que sa felicité, que la vôtre vous touche ;
Il vous suit en tous lieux, il parle par ma bouche,
Il meurt d'amour à vos genoux.

IANTE.

Que vois-je ! ô Ciel ! quelle surprise !
C'est un Amant qui me cachoit Iphise.

IPHIS.

Pardonnez ma témerité
A l'excez de ma tendresse :
Pour vous fléchir, employer tant d'adresse,
C'est honorer vôtre fierté.

IANTE.

Ah ! Perfide, à mes yeux garde-toy de parêtre.

IPHIS.

Vous commencez à me haïr
En commençant à me connêtre.

IANTE.

A te haïr ! ... J'y parviendray peut-être ;
Je forceray mon cœur à m'obéir.

E

I P H I S.

Ne le démentez pas, s'il parle pour ma flâme :
N'est-ce pas assez de rigueurs ?

I A N T E.

Cruel, vous lisez dans mon âme,
Mon funeste secret s'échape avec mes pleurs.

E N S E M B L E.

Regne, charmant Amour, joui de ta victoire :
Non, tu n'as plus besoin de nous voiler tes traits :
Nous étions destinez à gouter tes bienfaits,
Nôtre aveu manquoit à ta gloire.

LES ARGIENS ET LES ARGIENNES paroiffent.

I A N T E.

Beautez qui redoutiez & l'amour & fes nœuds,
Que nôtre exemple vous éclaire :
Amans épris d'une flâme fincere,
Venez, imitez-nous, & devenez heureux.

I P H I S.

Arrachons à l'Hymen des fers injurieux,
De fleurs couronnons fon image :
De deux cœurs fatisfaits le bonheur & l'hommage
Reparent les affronts qu'il reçoit en ces lieux.

C H OE U R.

Regnez Hymen, regnez, étendez vôtre chaîne,
De vos traits laiffez-nous le choix ;
Vous n'avez que de douces loix
Pour les tendres Sujets que l'Amour vous amene.

FIN DE LA DEUXIÉME ENTRÉE.

TROISIÉME ENTRÉE.

PHILEMON, ET BAUCIS.

SUJET.

PHILEMON, & BAUCIS semblent faits pour caracterifer l'innocence & LA TENDRESSE PASTORALE. Ils font époux dans la Fable, on en fait ici de jeunes Amants dont la fidelité eft éprouvée, & couronnée par les Dieux. L'hofpitalité qu'ils donnent à Jupiter, fans le connoître, le prodige du vin qui fe multiplie fous leurs mains, le changement de leur Cabane en un Palais dont ils font un Temple, font des traits, copiez d'OVIDE, *Liv.* 8. *Metam.*

ACTEURS.

PHILEMON, *Berger*, Mr. Jelyote.
BAUCIS, *Bergere*, Mlle. Pellicier.
JUPITER, *fous l'habit d'un Prince*, Mr. Chaffé.
MERCURE, *auffi déguifé*, Mr. Tribou.
CHOEUR *de Bergers & de Bergeres*.

PERSONNAGES DANSANTS.

TROUPE DE BERGERS ET DE BERGERES.

BERGERES.

Mademoifelle Sallé;
Mefdemoifelles Fremicourt, Dallemand-L., Le Duc,
Dallemand-C., Courcelle, Thiery.

BERGERS.

Monfieur D-Dumoulin,
Meffieurs Malter-L., Hamoche, Theffier,
Dumay, Dupré.

TROISIÉME ENTRÉE.

PHILEMON, ET BAUCIS.

Le Théâtre repréſente un Hameau borné par un
Temple de JUPITER.

SCENE PREMIERE.
JUPITER, MERCURE.

MERCURE.

 Es Hameaux écartez, cette retraite obſcure
Cacheront-ils long-tems Jupiter & Mercure?

JUPITER.

Ecoute, & tu ſeras ſurpris
Des divers mouvemens dont mon ame eſt atteinte.
J'aime Baucis, Baucis ſans détour & ſans feinte
Me parle d'un Berger dont ſon cœur eſt épris.

Mes feux par le dépit devroient être gueris ;
Mais l'Ingratte qu'elle est, par ses pleurs, par ses
    charmes,
Enchaîne mon dépit, & m'arrache des larmes ;
Son cœur est un tresor dont je sens tout le prix.

    Que faire dans ce trouble extrême ?
Je desire sans cesse, & crains son entretien ;
    Et cent fois j'ay pensé moy-même
    Préferer son bonheur au mien.

MERCURE.

Mais, quel parti vôtre cœur veut-il prendre ?

JUPITER.

Tu vois d'ici mon Temple, où Baucis va se rendre.
    C'est Jupiter qu'elle doit implorer :
L'Amant gemit des vœux que le Dieu doit entendre.
    Demeure, je vais préparer
    Un moyen d'ébranler son ame,
Profite de son trouble en faveur de ma flâme.

SCENE II.

BAUCIS, BERGERES, portant des
Corbeilles de fruits, & des Vases pour les Libations.

CHOEUR.

CHantons, unissons-nous,
De Jupiter célébrons les conquêtes :
Que ses tendres ardeurs soient l'objet de nos fêtes ;
    Il aime un souvenir si doux

BAUCIS.

Maître des Dieux, appuy de l'innocence,
Ecoutez mes gemissements.
Un fidelle Berger a reçû mes serments ;
Nos Parents avec violence
Veulent briser des liens si charmants :
Grand Dieu, changez leurs cœurs ; jamais vôtre
puissance
N'aura favorisé de plus tendres Amants.

Maître des Dieux, &c.

CHOEUR.

Tendre Baucis, reprenez l'esperance ;
Puisse le Ciel terminer vos tourments !

BAUCIS.

Venez mes Compagnes fidelles,
Portons à Jupiter nos offrandes nouvelles.

****

SCENE III.

MERCURE.

LE Souverain des Dieux tonne sur ces Autels,
Et la crainte & l'espoir y menent les Mortels :
Il les fait tous trembler ; mais il tremble luy-même
Près d'une Bergere qu'il aime.
Amour, quels sont tes Jeux cruels !

SCENE IV.

BAUCIS, MERCURE,

BAUCIS, *sortant du Temple.*

OÙ *suis-je ? qu'ay-je vû ? Ciel ! quels heureux*
auspices !

O Vous, dont l'amitié s'interesse à mes vœux,
Aprenez à quel point les Dieux me sont propices.
Cette main sur l'Autel du Souverain des Dieux
De nos treilles à peine épanchoit les prémices ;
Un prodige a frappé mes yeux :
Le Vase inépuisable
Me rend des Flots toûjours nouveaux ;
Je vois couler le torrent délectable
D'un nectar, que n'ont point enfanté nos côteaux.

MERCURE.

De cet évenement qu'esperez-vous, Bergere ?

BAUCIS.

D'obtenir l'Objet de mes feux.

MERCURE.

Ce miracle, Baucis, couvre un autre mistere ;
Je lis dans les secrets des Cieux.

BAUCIS.

Eh ! quels sont ces secrets ?

MERCURE.
Je crains de vous déplaire.

BAUCIS.

Ah ! contentez mes desirs curieux.
MERCURE.

TROISIE'ME ENTRE'E.
MERCURE.

A Philemon je crois le Ciel contraire ;
Je doute que l'Hymen le range sous vos loix.

BAUCIS.

Helas ! a t-il du Ciel attiré la colere ?

MERCURE.

Le Ciel s'oppose à vôtre choix :
Déja par vos Parents vôtre hymen se differe.

BAUCIS.

Mais eux-même à nos vœux consentoient autrefois.

MERCURE.

Faut-il ne vous rien taire ?

Ce Nectar plus délicieux
Que celui que vos mains avoient offert aux Dieux,
Ce changement subit que leur puissance opere,
Est un Oracle qui m'éclaire,
Qui m'annonce pour vous un sort plus glorieux.

BAUCIS.

Je n'ay point d'autre choix à faire,
Et vous expliquez mal les volontez des Cieux.

SCENE V.
JUPITER, BAUCIS, MERCURE.
JUPITER.

NE craignez point de les entendre :
Le Ciel parle pour moi, ne le démentez pas.
Pour vous du plus haut rang je me plais à descendre ;
C'est moi seul que le Ciel destine à vos appas,
Et je dois obtenir le retour le plus tendre.

F

BAUCIS.

Seigneur, vous le sçavez, mon cœur n'est plus à moi;
Philemon est l'objet de ma flâme éternelle.

JUPITER.

L'Hymen ne vous a point asservie à sa loi.

BAUCIS.

Au tendre Philemon je veux être fidelle :
   C'est pour lui seul que mon cœur fût formé ;
Et si je ne l'aimois, je n'aurois rien aimé.

   Ces Bois, ces Vallons , ces Fontaines
Ont vu naître avec nous de si pures ardeurs :
   S'il est quelque obstacle à nos chaînes ,
   Nos feux redoublent par nos peines ,
Et même je me plais à lui donner des pleurs.

JUPITER.

Non , vôtre cœur vous trompe, & Philemon lui-même
S'il vous aime Baucis , comme il faut que l'on aime,
Sacrifiera sans peine un interêt jaloux
A l'éclat , que mes feux vont répandre sur vous.

BAUCIS.

Helas ! il en mourroit.

JUPITER.

       Craignez moins pour sa vie
Je prends sur moi le soin de son bonheur.

BAUCIS.

   O Ciel ! que Philemon m'oublie ,
  Que Philemon renonce à tant d'ardeur !
Philemon trahiroit le serment qui nous lie !

JUPITER.

Au destin d'un Berger je veux vous arracher.

BAUCIS.

Quoi, nos pleurs, nos sermens, rien ne peut vous toucher!

Vos grandeurs vous offrent sans cesse
De quoi choisir mille Objets pleins d'appas :
Mon Berger n'a que moy, ne lui ravissez pas
Le seul bien que le Ciel lui laisse.

Vous ne répondez rien : quels regards de courroux !

JUPITER.

Si vous voulez sauver mon Rival de mes coups,
Il ne doit souhaiter que vôtre indifference :
Je me reprocherois peut-être ma vangeance,
Et ce seroit trop tard pour vous.

A MERCURE.

Vien, sui mes pas, je souffre autant que je l'offence.

BAUCIS.

Ciel ! il fuit : quels malheurs vont éclater sur nous !
Malheureux Philemon, que vais-je vous apprendre ?

SCENE VI.

PHILEMON, BAUCIS.

PHILEMON.

T Out succede à nos vœux, nos Parents réunis...

BAUCIS.

Ah ! leurs projets sont vains : je tremble, je frémis...
Je ne vois que le Ciel qui puisse vous défendre
Contre vos nouveaux ennemis.

PHILEMON.

De qui puis-je attirer ou la haine ou l'envie?

BAUCIS.

Ce perfide Etranger accueilly dans ces lieux...

PHILEMON.

Luy! que me dites-vous? grands Dieux!

BAUCIS.

Il eſt vôtre rival, redoutez ſa furie,
C'eſt quelque Roy puiſſant voiſin de ces climats,
Ses menaces ici me cauſent trop d'allarmes.
Ah! je crois voir déja ſes barbares ſoldats
        Malgré mes cris & mes larmes,
    Vous fraper entre mes bras:
Ah! Cruels, ſur mon cœur venez tourner vos armes.

MERCURE en traverſant le Théâtre, touche PHILEMON de ſon Caducé.

PHILEMON.

Raſſurez-vous, un Dieu paroît, il fend les airs,
        D'heureux ſecours nous ſont offerts;
Mais quel nuage épais vient couvrir ma paupiere?
    Je ne vois plus la celeſte lumiere:
Ce ſommeil ſeroit-il une faveur des Dieux?
        Non, qu'il eſt cruel, ma Bergere,
    Puiſqu'il vous dérobe à mes yeux.

SCENE VII.

JUPITER, BAUCIS, PHILEMON endormi.

BAUCIS.

B Arbare, qu'as-tu fait? par quel enchantement
    Contre des jours ſi chers, armes-tu l'Enfer même?
Acheve ton ouvrage, oſe dans ce moment,
Par haine ou par pitié, me joindre à ce que j'aime.

JUPITER.

Vivez Baucis, calmez ces transports furieux,
Ce Palais descendu des Cieux
D'un enchanteur est-il l'ouvrage,
Ou le favorable présage
D'un sort qui vous égale aux Dieux.

BAUCIS.

Rendez-moy mon Berger, rendez-moy ma retraite,
La douce obscurité dont j'étois satsifaite.

Sans vous, helas! sans vous nos jours couloient en paix,
Nous allions être unis, mes funestes attraits
Coûtent la vie à l'Amant que j'adore;
Si vous me refusez une mort que j'implore,
Je me frappe à vos yeux, & je vais, malgré vous,
Eterniser des nœuds dont vous êtes jaloux...
Rendez-moy mon Berger...

JUPITER.

Vôtre vertu, vos charmes,
Tour à tour me donnent des Loix.
L'Amour à vos appas me fit rendre les armes,
Il immole aujourd'huy mon bonheur à vos larmes:
Du cœur de Jupiter vous triomphez deux fois.

BAUCIS.

Je respire après tant d'allarmes.
Par quels vœux, quel encens, expier mon erreur
Maître des Dieux, lisez mon trouble dans mon cœur.

Elle se jette aux pieds de JUPITER.

PHILEMON, en s'éveillant.

Que vois-je, ô Ciel! le puis-je croire?
Baucis aux pieds de mon Rival!

JUPITER.

Je renonce à ce nom fatal.

Heureux Mortel, un Dieu te céde la victoire.
Venez Bergers, soyez les témoins de sa gloire.
Les BERGERS & les BERGERES paroissent.
Tendres Amants, goutez votre bonheur,
Les doux plaisirs de vos pleurs vont éclore:
Bergers, qui célébrez une si belle ardeur,
Puissiez-vous par vos chants la redoubler encore.
PHILEMON, ET BAUCIS.
Grand Dieu, de ce Palais daignez faire le vôtre:
De ce Temple nouveau, Ministres glorieux
A vous offrir l'encens nous veillerons tous deux;
Qu'il n'en soit point pour vous de plus doux que le nôtre,
Qu'après des jours passez dans ces soins précieux,
Un même instant ferme nos yeux
Sans nous couter de larmes l'un à l'autre.
CHOEUR.
Grandeur brillante,
De vos charmes trompeurs
Occupez d'autres cœurs.

Ardeur constante,
Tendres empressemens,
Soins toûjours renaissans,
Remplissez nos momens.

Amans fidelles,
Que vos flâmes sont belles!
N'aimez qu'une fois;
Heureux par vôtre choix,
Les plaisirs sont vos loix.

A nos chants, Echos, répondez-tous,
L'Amour garde pour nous
Ses traits les plus doux.

PHILEMON, ET BAUCIS.

BAUCIS.   *Quel bonheur!*
Nôtre amour eſt vainqueur.

PHILEM.   *C'eſt trop peu que d'un cœur*
Pour ſentir tant d'ardeur.

BAUCIS.   *Vous m'aimez, eſt-il un ſort plus doux!*

ENSEMB.   { *Un jour plus pur va ſe lever pour nous.*

BAUCIS.   *Jure moy Berger,*

PHILEM.   { *De ne point changer.*
{ *Ne crain point ce danger,*

Nos maux ſont finis:

      { *Goutons-en le*   }
BAUCIS.   { *Ils ſont chers à ce* } *prix.*

PHILEM.   *Doux momens,*

BAUCIS.   { *Nœuds charmans,*
PHILEM.   { *Enchantez tous nos ſens.*

ENSEMB.   { *Vous vangez nos tourmens.*

BAUCIS.   { *Dieu d'amour, épuiſe tous tes traits.*

ENSEMB.   { *C'eſt ſur nos cœurs épuiſer tes bienfaits.*

CHOEUR.

Grandeur brillante, &c.

FIN.

A PROBATION.

J'Ay lû par Ordre de Monſeigneur le Chancelier, un Manuſcrit qui a pour
Titre, *Le Ballet de la Paix*, les Sujets tirez d'Ovide, ſeront trouvez je
crois, heureuſement traitez. A Paris ce treiziéme May 1738 LA SERRRE.

PRIVILEGE DU ROY.

LOUIS par la grace de Dieu, Roy de France & de Navarre: A nos amez & féaux Confeillers, les Gens tenans nos Cours de Parlement, Maîtres des Requêtes ordinaires de nôtre Hôtel, Grand Confeil, Prevôt de Paris, Baillifs, Sénéchaux, leurs Lieutenans-Civils, & autres nos Jufticiers qu'il appartiendra, Salut. Nôtre cher & bien amé le Sieur LOUIS-ARMAND EUGENE DE THURET, cy-devant Capitaine au Regiment de Picardie; Nous a fait repréfenter que, par Arreſt de nôtre Confeil du 30. May 1733. Nous avons revoqué le Privilege qui avoit été accordé au Sieur le Comte & fes Affociez, pour raifon de l'Academie Royale de Mufique, fes circonſtances & dépendances, & rétabli ledit Privilege en faveur dudit Sieur Expofant, pour en joüir par luy, fes Affociez, Ceffionnaires & Ayans-caufe aux charges & conditions portées par ledit Arreſt, pendant le temps & efpace de vingt-neuf années, à compter du premier Avril de ladite année 1733. & que pour l'exploitation dudit Privilege, ledit Sieur Expofant fe trouve obligé de faire imprimer & graver les Paroles & la Mufique des Opera qui doivent être repréfentez; mais que pour cet effet il a befoin de nôtre permiffion & des Lettres qu'il Nous a tres-humblement fait fupplier de luy accorder. A CES CAUSES, voulant favorablement traiter ledit Expofant: Nous luy avons permis & permettons par ces Prefentes de faire imprimer & graver *les Paroles & Mufique des Opera, Ballets & Fêtes qui ont été ou qui feront repréfentez par l'Academie Royale de Mufique, tant féparément que conjointement* en tels Volumes forme, marge, caractere, & autant de fois que bon luy fembleta, & de les faire vendre & débiter par tout nôtre Royaume, pendant le temps de vingt-neuf années confecutives, à compter du jour de la datte defdites Prefentes. Faifons défenfes à toutes perfonnes, de quelque qualité & condition qu'elles foient d'en introduire d'Impreffion ou Gravûre Etrangere dans aucun lieu de nôtre obéïffance: Comme auffi à tous Imprimeurs, Libraires, Graveurs, Imprimeurs, Marchands en Taille-Douce, & autres de graver, ny faire graver, imprimer, ou faire imprimer, vendre, faire vendre, débiter ny contrefaire lefdites Impreffions, Planches & Figures de Paroles, de Mufique des Opera, Ballets & Fêtes, qui ont été ou qui feront reprefentez par ladite Academie Royale de Mufique, tant feparément que conjointement en tout ny en partie, fans la permiffion expreffe & par écrit dudit Sieur Expofant, ou de ceux qui auront droit de luy; à peine de confifcation, tant des Planches & Figures, que des Exemplaires contrefaits & des Uſtanciles qui auront fervy à ladite contrefaçon, que Nous entendons être faifis en quelque lieu qu'ils foient trouvez; de dix mille livres d'amende contre chacun des Contrevenans, dont un tiers à Nous, un tiers à l'Hôtel-Dieu de Paris, l'autre tiers audit Sieur Expofant, & de tous dépens, dommages & interefts, à la charge que ces Prefentes feront enregiftrées tout au long fur le Regiftre de la Communauté des Libraires & Imprimeurs de Paris, dans trois Mois de la datte d'icelles; Que la Gravûre & Impreffion defdites Paroles & Opera fera faite dans nôtre Royaume & non ailleurs, en bon papier & beaux caracteres, conformément aux Reglemens de la Librairie, & notamment à celui du dix Avril 1725. & qu'avant que de les expofer en vente, les Manufcrits gravez ou imprimez feront remis dans le même état où les Aprobations auront été données és mains de nôtre tres-cher & feal Chevalier Garde des Sceaux de France le Sieur Chauvelin; & qu'il en fera enfuite remis deux Exemplaires de chacun dans nôtre Bibliotheque publique, un dans celle de nôtre Château du Louvre, & un dans celle de nôtre tres-cher & feal Chevalier Garde des Sceaux de France, le Sieur Chauvelin; Le tout à peine de nullité des Prefentes; Du contenu defquelles Vous mandons & enjoignons de faire joüir ledit Sieur Expofant, ou fes Ayants-caufe, pleinement & paifiblement fans fouffrir qu'il leur foit fait aucun trouble ou empefchement. Voulons que la Copie defdites prefentes, qui fera imprimée tout au long au commencement ou à la fin defdites Paroles ou Opera, foit tenuë pour düëment fignifiée; & qu'aux Copies collationnées par l'un de nos amez & feaux Confeillers & Secretaires, foy foit ajoûtée comme à l'Original. Commandons au premier nôtre Huiffier ou Sergent, de faire pour l'execution d'icelles tous Actes requis & neceffaires, fans demander autre permiffion, & nonobftant Clameur de Haro, Chartre Normande & Lettres à ce contraires. CAR tel eſt nôtre plaifir. DONNE' à Fontainebleau le douziéme jour de Novembre, l'An de Grace mil fept cent trente-quatre, & de nôtre Regne le vingtiéme; *Et plus bas,* Par le Roy en fon Confeil. *Signé* SAINSON, avec paraphe.

J'ay cedé à M. BALLARD le prefent Privilege, fuivant le Traité fait avec luy le premier Septembre 1730. A Paris ce 23. Novembre 1734. DE THURET.

Regiſtré enfemble la Ceffion fur le Regiſtre VIII. de la Chambre Royale des Libraires & Imprimeurs de Paris. N. 797. fol. 779. conformément aux anciens Reglemens confirmez par celuy du 28. Fevrier 1723. A Paris le 23. Novembre 1734. G. MARTIN, Syndic.

www.ingramcontent.com/pod-product-compliance
Lightning Source LLC
LaVergne TN
LVHW011401170726
843501LV00006B/1948